Mi libro de recetas © Grete Books, 2023
Impresión y editorial: BoD – Books on Demand
info@bod.com.es - www.bod.com.es
Impreso en Alemania – Printed in Germany
ISBN: 9788411741972

EL LIBRO DE RECETAS DE

RECETA:

INGREDIENTES:

COMENSALES

1 2 3 4 ....

TIEMPO PREPARACIÓN

MARIDA BIEN CON

PREPARACIÓN:

NOTAS:

MI MEJOR RECUERDO DE ESTA RECETA:

RECETA:

INGREDIENTES:

1 2 3 4 ....

TIEMPO
PREPARACIÓN

MARIDA
BIEN CON

PREPARACIÓN:

NOTAS:

MI MEJOR RECUERDO DE ESTA RECETA:

RECETA:

INGREDIENTES:

COMENSALES

1 2 3 4 ....

TIEMPO PREPARACIÓN

MARIDA BIEN CON

PREPARACIÓN:

 NOTAS:

 **MI MEJOR RECUERDO DE ESTA RECETA:**

RECETA: _____

INGREDIENTES:

_____

_____

_____

_____

_____

_____

COMENSALES

1 2 3 4 ....

TIEMPO PREPARACIÓN

 MARIDA
BIEN CON

PREPARACIÓN:

_____

_____

_____

_____

_____

_____

_____

_____

_____

_____

_____

_____

NOTAS:

_____

_____

♥ MI MEJOR RECUERDO DE ESTA RECETA:

_____

_____

RECETA: _____

INGREDIENTES:

_____
_____
_____
_____
_____

COMENSALES

1 2 3 4 ....

TIEMPO PREPARACIÓN

MARIDA BIEN CON

PREPARACIÓN:

_____
_____
_____
_____
_____
_____
_____
_____
_____
_____
_____
_____
_____

NOTAS:

_____
_____

MI MEJOR RECUERDO DE ESTA RECETA:

_____
_____

RECETA: _____

INGREDIENTES:

_____
_____
_____
_____
_____

COMENSALES

1 2 3 4 ....

TIEMPO PREPARACIÓN

MARIDA BIEN CON

PREPARACIÓN:

_____
_____
_____
_____
_____
_____
_____
_____
_____
_____
_____
_____
_____

 NOTAS:

_____
_____

MI MEJOR RECUERDO DE ESTA RECETA:

RECETA:

INGREDIENTES:

COMENSALES

1 2 3 4 ....

TIEMPO
PREPARACIÓN

MARIDA
BIEN CON

PREPARACIÓN:

NOTAS:

MI MEJOR RECUERDO DE ESTA RECETA:

RECETA:

INGREDIENTES:

COMENSALES

1 2 3 4 ....

TIEMPO PREPARACIÓN

MARIDA BIEN CON

PREPARACIÓN:

NOTAS:

♥ MI MEJOR RECUERDO DE ESTA RECETA:

RECETA:

INGREDIENTES:

COMENSALES

1 2 3 4 ....

TIEMPO
PREPARACIÓN

MARIDA
BIEN CON

PREPARACIÓN:

NOTAS:

MI MEJOR RECUERDO DE ESTA RECETA:

RECETA: _____

INGREDIENTES:

_____   _____
_____   _____
_____   _____
_____   _____
_____   _____
_____   _____

COMENSALES

1 2 3 4 ....

TIEMPO PREPARACIÓN

MARIDA BIEN CON

PREPARACIÓN:

_____
_____
_____
_____
_____
_____
_____
_____
_____
_____
_____
_____

NOTAS:

_____
_____

MI MEJOR RECUERDO DE ESTA RECETA:

_____

RECETA:

INGREDIENTES:

COMENSALES

1 2 3 4 ....

TIEMPO
PREPARACIÓN

PREPARACIÓN:

  MARIDA
BIEN CON

📎 **NOTAS:**

♥ **MI MEJOR RECUERDO DE ESTA RECETA:**

11

RECETA: _____

INGREDIENTES: ━━━●

_____
_____
_____
_____

COMENSALES

1 2 3 4 ....

TIEMPO PREPARACIÓN

MARIDA BIEN CON

PREPARACIÓN:

_____
_____
_____
_____
_____
_____
_____
_____
_____
_____
_____

 NOTAS:

_____
_____

♥ **MI MEJOR RECUERDO DE ESTA RECETA:**

_____
_____

RECETA: _____

INGREDIENTES: 🥄

_____
_____
_____
_____

COMENSALES

👥

1 2 3 4 ....

TIEMPO PREPARACIÓN

🕐

MARIDA BIEN CON

🍳 **PREPARACIÓN:**

_____
_____
_____
_____
_____
_____
_____
_____
_____
_____
_____
_____
_____

 **NOTAS:**

_____
_____

❤️ **MI MEJOR RECUERDO DE ESTA RECETA:**

_____
_____

RECETA:

INGREDIENTES:

COMENSALES

1 2 3 4 ....

TIEMPO PREPARACIÓN

MARIDA BIEN CON

PREPARACIÓN:

 NOTAS:

 **MI MEJOR RECUERDO DE ESTA RECETA:**

RECETA:

INGREDIENTES:

COMENSALES

1 2 3 4 ....

TIEMPO PREPARACIÓN

🍶 **MARIDA BIEN CON**

PREPARACIÓN:

📎 **NOTAS:**

❤ **MI MEJOR RECUERDO DE ESTA RECETA:**

RECETA:

INGREDIENTES:

COMENSALES

1 2 3 4 ....

TIEMPO
PREPARACIÓN

MARIDA
BIEN CON

PREPARACIÓN:

 NOTAS:

MI MEJOR RECUERDO DE ESTA RECETA:

RECETA:

INGREDIENTES:

COMENSALES

1 2 3 4 ....

TIEMPO
PREPARACIÓN

MARIDA
BIEN CON

PREPARACIÓN:

NOTAS:

MI MEJOR RECUERDO DE ESTA RECETA:

17

RECETA: _____

INGREDIENTES:

COMENSALES

1 2 3 4 ....

TIEMPO
PREPARACIÓN

PREPARACIÓN:

MARIDA
BIEN CON

📎 NOTAS:

♥ MI MEJOR RECUERDO DE ESTA RECETA:

RECETA:

INGREDIENTES:

COMENSALES

1 2 3 4 ....

TIEMPO PREPARACIÓN

PREPARACIÓN:

 **MARIDA BIEN CON**

 NOTAS:

♥ **MI MEJOR RECUERDO DE ESTA RECETA:**

RECETA:

INGREDIENTES:

COMENSALES

1 2 3 4 ....

TIEMPO PREPARACIÓN

MARIDA BIEN CON

PREPARACIÓN:

NOTAS:

♥ MI MEJOR RECUERDO DE ESTA RECETA:

RECETA: _____

INGREDIENTES:

_____

_____

_____

_____

COMENSALES

1 2 3 4 ....

TIEMPO PREPARACIÓN

MARIDA BIEN CON

_____

PREPARACIÓN:

_____

_____

_____

_____

_____

_____

_____

_____

_____

_____

_____

_____

NOTAS:

_____

_____

MI MEJOR RECUERDO DE ESTA RECETA:

_____

_____

RECETA: _____

INGREDIENTES:

_____
_____
_____
_____

COMENSALES

1 2 3 4 ....

TIEMPO PREPARACIÓN

MARIDA BIEN CON

PREPARACIÓN:

_____
_____
_____
_____
_____
_____
_____
_____
_____
_____
_____
_____
_____
_____

NOTAS:

_____
_____

MI MEJOR RECUERDO DE ESTA RECETA:

_____
_____

RECETA:

INGREDIENTES:

1 2 3 4 ....

TIEMPO
PREPARACIÓN

 MARIDA
BIEN CON

PREPARACIÓN:

 NOTAS:

♥ MI MEJOR RECUERDO DE ESTA RECETA:

RECETA:

INGREDIENTES:

COMENSALES

1 2 3 4 ....

TIEMPO PREPARACIÓN

MARIDA BIEN CON

PREPARACIÓN:

 NOTAS:

♥ **MI MEJOR RECUERDO DE ESTA RECETA:**

RECETA:

INGREDIENTES:

COMENSALES

1 2 3 4 ....

TIEMPO
PREPARACIÓN

PREPARACIÓN:

MARIDA
BIEN CON

NOTAS:

MI MEJOR RECUERDO DE ESTA RECETA:

RECETA: _____

INGREDIENTES:

COMENSALES

1 2 3 4 ....

TIEMPO PREPARACIÓN

MARIDA BIEN CON

PREPARACIÓN:

NOTAS:

MI MEJOR RECUERDO DE ESTA RECETA:

RECETA:

INGREDIENTES:

COMENSALES

1 2 3 4 ....

TIEMPO
PREPARACIÓN

MARIDA
BIEN CON

 **PREPARACIÓN:**

NOTAS:

♥ **MI MEJOR RECUERDO DE ESTA RECETA:**

RECETA: _____

INGREDIENTES:

_____

_____

_____

_____

COMENSALES

1 2 3 4 ....

TIEMPO PREPARACIÓN

MARIDA BIEN CON

PREPARACIÓN:

_____

_____

_____

_____

_____

_____

_____

_____

_____

_____

_____

NOTAS:

_____

_____

♥ MI MEJOR RECUERDO DE ESTA RECETA:

_____

RECETA:

INGREDIENTES:

COMENSALES

1 2 3 4 ....

TIEMPO PREPARACIÓN

MARIDA BIEN CON

PREPARACIÓN:

 NOTAS:

 MI MEJOR RECUERDO DE ESTA RECETA:

RECETA: _____

INGREDIENTES:

COMENSALES

1 2 3 4 ....

TIEMPO
PREPARACIÓN

_____
_____
_____
_____

MARIDA
BIEN CON

PREPARACIÓN:

_____
_____
_____
_____
_____
_____
_____
_____
_____
_____
_____
_____
_____

 NOTAS:

_____
_____

MI MEJOR RECUERDO DE ESTA RECETA:

_____

RECETA: _____

INGREDIENTES:

_____   _____
_____   _____
_____   _____
_____   _____
_____   _____

COMENSALES

1 2 3 4 ....

TIEMPO PREPARACIÓN

MARIDA BIEN CON

PREPARACIÓN:

_____
_____
_____
_____
_____
_____
_____
_____
_____
_____
_____
_____
_____

 NOTAS:

_____
_____

MI MEJOR RECUERDO DE ESTA RECETA:

RECETA: _____

INGREDIENTES:

COMENSALES

1 2 3 4 ....

TIEMPO PREPARACIÓN

PREPARACIÓN:

MARIDA BIEN CON

 NOTAS:

 **MI MEJOR RECUERDO DE ESTA RECETA:**

RECETA:

INGREDIENTES:

1 2 3 4 ....

TIEMPO
PREPARACIÓN

 MARIDA
BIEN CON

PREPARACIÓN:

 **NOTAS:**

MI MEJOR RECUERDO DE ESTA RECETA:

RECETA:

INGREDIENTES:

1 2 3 4 ....

TIEMPO PREPARACIÓN

MARIDA BIEN CON

PREPARACIÓN:

 **NOTAS:**

 **MI MEJOR RECUERDO DE ESTA RECETA:**

RECETA:

INGREDIENTES:

COMENSALES

1 2 3 4 ....

TIEMPO
PREPARACIÓN

PREPARACIÓN:

MARIDA
BIEN CON

 NOTAS:

♥ MI MEJOR RECUERDO DE ESTA RECETA:

RECETA:

INGREDIENTES:

COMENSALES

1 2 3 4 ....

TIEMPO PREPARACIÓN

MARIDA BIEN CON

PREPARACIÓN:

 NOTAS:

 MI MEJOR RECUERDO DE ESTA RECETA:

RECETA:

INGREDIENTES:

COMENSALES

1 2 3 4 ....

TIEMPO
PREPARACIÓN

 MARIDA
BIEN CON

PREPARACIÓN:

NOTAS:

MI MEJOR RECUERDO DE ESTA RECETA:

RECETA:

INGREDIENTES:

COMENSALES

1 2 3 4 ....

TIEMPO
PREPARACIÓN

MARIDA
BIEN CON

PREPARACIÓN:

 **NOTAS:**

 **MI MEJOR RECUERDO DE ESTA RECETA:**

RECETA:

INGREDIENTES:

COMENSALES

1 2 3 4 ....

TIEMPO
PREPARACIÓN

 MARIDA
BIEN CON

PREPARACIÓN:

 NOTAS:

 **MI MEJOR RECUERDO DE ESTA RECETA:**

RECETA:

INGREDIENTES:

COMENSALES

1 2 3 4 ....

TIEMPO PREPARACIÓN

MARIDA BIEN CON

PREPARACIÓN:

 NOTAS:

♥ **MI MEJOR RECUERDO DE ESTA RECETA:**

RECETA:

INGREDIENTES:

COMENSALES

1 2 3 4 ....

TIEMPO
PREPARACIÓN

MARIDA
BIEN CON

PREPARACIÓN:

NOTAS:

MI MEJOR RECUERDO DE ESTA RECETA:

RECETA:

INGREDIENTES:

1 2 3 4 ....

TIEMPO PREPARACIÓN

MARIDA
BIEN CON

PREPARACIÓN:

 NOTAS:

 **MI MEJOR RECUERDO DE ESTA RECETA:**

RECETA:

INGREDIENTES:

COMENSALES

1 2 3 4 ....

TIEMPO PREPARACIÓN

MARIDA BIEN CON

PREPARACIÓN:

 NOTAS:

♥ **MI MEJOR RECUERDO DE ESTA RECETA:**

RECETA:

INGREDIENTES:

COMENSALES

1 2 3 4 ....

TIEMPO
PREPARACIÓN

MARIDA
BIEN CON

PREPARACIÓN:

 NOTAS:

 **MI MEJOR RECUERDO DE ESTA RECETA:**

RECETA: _____

INGREDIENTES:

COMENSALES

1 2 3 4 ....

TIEMPO
PREPARACIÓN

 MARIDA
BIEN CON

PREPARACIÓN:

NOTAS:

MI MEJOR RECUERDO DE ESTA RECETA:

RECETA:

INGREDIENTES:

COMENSALES

1 2 3 4 ....

TIEMPO
PREPARACIÓN

MARIDA
BIEN CON

PREPARACIÓN:

 NOTAS:

 MI MEJOR RECUERDO DE ESTA RECETA:

RECETA:

INGREDIENTES:

COMENSALES

1 2 3 4 ....

TIEMPO
PREPARACIÓN

MARIDA
BIEN CON

PREPARACIÓN:

NOTAS:

MI MEJOR RECUERDO DE ESTA RECETA:

RECETA: _____

INGREDIENTES:

COMENSALES

1 2 3 4 ....

TIEMPO
PREPARACIÓN

MARIDA
BIEN CON

PREPARACIÓN:

NOTAS:

MI MEJOR RECUERDO DE ESTA RECETA:

RECETA: _____

INGREDIENTES:

_____
_____
_____
_____

 MARIDA
BIEN CON

PREPARACIÓN:

_____
_____
_____
_____
_____
_____
_____
_____
_____
_____
_____
_____

📎 **NOTAS:**

_____
_____

💗 **MI MEJOR RECUERDO DE ESTA RECETA:**

_____
_____

RECETA:

INGREDIENTES:

COMENSALES

1 2 3 4 ....

TIEMPO PREPARACIÓN

PREPARACIÓN:

MARIDA BIEN CON

 NOTAS:

❤ **MI MEJOR RECUERDO DE ESTA RECETA:**

RECETA:

INGREDIENTES:

1 2 3 4 ....

TIEMPO PREPARACIÓN

PREPARACIÓN:

 MARIDA BIEN CON

📎 **NOTAS:**

❤ **MI MEJOR RECUERDO DE ESTA RECETA:**

RECETA:

INGREDIENTES:

1 2 3 4 ....

TIEMPO
PREPARACIÓN

MARIDA
BIEN CON

PREPARACIÓN:

 NOTAS:

 MI MEJOR RECUERDO DE ESTA RECETA:

RECETA:

INGREDIENTES:

COMENSALES

1 2 3 4 ....

TIEMPO PREPARACIÓN

MARIDA BIEN CON

PREPARACIÓN:

NOTAS:

MI MEJOR RECUERDO DE ESTA RECETA:

RECETA:

INGREDIENTES:

COMENSALES

1 2 3 4 ....

TIEMPO PREPARACIÓN

PREPARACIÓN:

MARIDA BIEN CON

 NOTAS:

 MI MEJOR RECUERDO DE ESTA RECETA:

RECETA: _____

INGREDIENTES:

_____
_____
_____
_____

COMENSALES

1 2 3 4 ....

TIEMPO PREPARACIÓN

MARIDA BIEN CON

PREPARACIÓN:

_____
_____
_____
_____
_____
_____
_____
_____
_____
_____
_____
_____

 NOTAS:

_____
_____

♥ **MI MEJOR RECUERDO DE ESTA RECETA:**

_____

RECETA:

INGREDIENTES:

COMENSALES

1 2 3 4 ....

TIEMPO PREPARACIÓN

MARIDA
BIEN CON

PREPARACIÓN:

NOTAS:

MI MEJOR RECUERDO DE ESTA RECETA:

RECETA: _____

INGREDIENTES:

_____

_____

_____

_____

_____

 **MARIDA
BIEN CON**

PREPARACIÓN:

_____

_____

_____

_____

_____

_____

_____

_____

_____

_____

_____

NOTAS:

_____

_____

MI MEJOR RECUERDO DE ESTA RECETA:

_____

_____

RECETA:

INGREDIENTES:

COMENSALES

1 2 3 4 ....

TIEMPO
PREPARACIÓN

MARIDA
BIEN CON

PREPARACIÓN:

 NOTAS:

♥ **MI MEJOR RECUERDO DE ESTA RECETA:**

RECETA:

INGREDIENTES:

COMENSALES

1 2 3 4 ....

TIEMPO
PREPARACIÓN

 MARIDA
BIEN CON

PREPARACIÓN:

📎 NOTAS:

♥ MI MEJOR RECUERDO DE ESTA RECETA:

RECETA:

INGREDIENTES:

COMENSALES

1 2 3 4 ....

TIEMPO PREPARACIÓN

 MARIDA BIEN CON

PREPARACIÓN:

 NOTAS:

 **MI MEJOR RECUERDO DE ESTA RECETA:**

RECETA:

INGREDIENTES:

COMENSALES

1 2 3 4 ....

TIEMPO PREPARACIÓN

 MARIDA BIEN CON

PREPARACIÓN:

 NOTAS:

♥ **MI MEJOR RECUERDO DE ESTA RECETA:**

RECETA: _____

INGREDIENTES:

_____
_____
_____
_____
_____

COMENSALES

1 2 3 4 ....

TIEMPO PREPARACIÓN

MARIDA BIEN CON

PREPARACIÓN:

_____
_____
_____
_____
_____
_____
_____
_____
_____
_____
_____

NOTAS:

_____
_____

 **MI MEJOR RECUERDO DE ESTA RECETA:**

_____
_____

RECETA:

INGREDIENTES:

COMENSALES

1 2 3 4 ....

TIEMPO PREPARACIÓN

MARIDA BIEN CON

PREPARACIÓN:

 NOTAS:

♥ **MI MEJOR RECUERDO DE ESTA RECETA:**

RECETA: _____

INGREDIENTES:

_____
_____
_____
_____

 **PREPARACIÓN:**

MARIDA
BIEN CON

_____
_____
_____
_____
_____
_____
_____
_____
_____

NOTAS:

_____
_____

 **MI MEJOR RECUERDO DE ESTA RECETA:**

_____
_____

RECETA:

INGREDIENTES:

COMENSALES

1 2 3 4 ....

TIEMPO PREPARACIÓN

MARIDA BIEN CON

PREPARACIÓN:

 NOTAS:

 **MI MEJOR RECUERDO DE ESTA RECETA:**

RECETA: _____

INGREDIENTES:

COMENSALES

1 2 3 4 ....

TIEMPO PREPARACIÓN

MARIDA BIEN CON

PREPARACIÓN:

 **NOTAS:**

 **MI MEJOR RECUERDO DE ESTA RECETA:**

RECETA:

INGREDIENTES:

COMENSALES

1 2 3 4 ....

TIEMPO PREPARACIÓN

MARIDA BIEN CON

PREPARACIÓN:

 **NOTAS:**

 **MI MEJOR RECUERDO DE ESTA RECETA:**

RECETA:

INGREDIENTES:

COMENSALES

1 2 3 4 ....

TIEMPO
PREPARACIÓN

 MARIDA
BIEN CON

PREPARACIÓN:

 NOTAS:

 MI MEJOR RECUERDO DE ESTA RECETA:

RECETA: _____

INGREDIENTES:

MARIDA
BIEN CON

PREPARACIÓN:

 NOTAS:

MI MEJOR RECUERDO DE ESTA RECETA:

RECETA: _____

INGREDIENTES:

COMENSALES

1 2 3 4 ....

TIEMPO
PREPARACIÓN

 **PREPARACIÓN:**

MARIDA
BIEN CON

📎 **NOTAS:**

♥ **MI MEJOR RECUERDO DE ESTA RECETA:**

RECETA:

INGREDIENTES:

COMENSALES

1 2 3 4 ....

TIEMPO
PREPARACIÓN

MARIDA
BIEN CON

PREPARACIÓN:

 **NOTAS:**

 **MI MEJOR RECUERDO DE ESTA RECETA:**

RECETA: _____

INGREDIENTES:

_____

_____

_____

_____

_____

COMENSALES

1 2 3 4 ....

TIEMPO PREPARACIÓN

MARIDA BIEN CON

PREPARACIÓN:

_____

_____

_____

_____

_____

_____

_____

_____

_____

_____

NOTAS:

_____

_____

_____

MI MEJOR RECUERDO DE ESTA RECETA:

_____

_____

RECETA:

INGREDIENTES:

COMENSALES

1 2 3 4 ....

TIEMPO PREPARACIÓN

MARIDA BIEN CON

PREPARACIÓN:

 **NOTAS:**

 **MI MEJOR RECUERDO DE ESTA RECETA:**

RECETA: _____

INGREDIENTES:

_____ _____
_____ _____
_____ _____
_____ _____
_____ _____
_____ _____

COMENSALES

1 2 3 4 ....

TIEMPO PREPARACIÓN

MARIDA BIEN CON

PREPARACIÓN:

_____
_____
_____
_____
_____
_____
_____
_____
_____
_____
_____
_____

 NOTAS:

_____
_____

 **MI MEJOR RECUERDO DE ESTA RECETA:**

_____
_____

RECETA:

INGREDIENTES:

COMENSALES

1 2 3 4 ....

TIEMPO
PREPARACIÓN

**MARIDA
BIEN CON**

PREPARACIÓN:

NOTAS:

MI MEJOR RECUERDO DE ESTA RECETA:

RECETA:

INGREDIENTES:

COMENSALES

1 2 3 4 ....

TIEMPO PREPARACIÓN

PREPARACIÓN:

MARIDA BIEN CON

 NOTAS:

MI MEJOR RECUERDO DE ESTA RECETA:

RECETA:

INGREDIENTES:

COMENSALES

1 2 3 4 ....

TIEMPO
PREPARACIÓN

MARIDA
BIEN CON

PREPARACIÓN:

 NOTAS:

 MI MEJOR RECUERDO DE ESTA RECETA:

RECETA:

INGREDIENTES:

COMENSALES

1 2 3 4 ....

TIEMPO
PREPARACIÓN

 **PREPARACIÓN:**

🍾 MARIDA
BIEN CON

📎 NOTAS:

♥ MI MEJOR RECUERDO DE ESTA RECETA:

RECETA:

INGREDIENTES:

COMENSALES

1 2 3 4 ....

TIEMPO PREPARACIÓN

MARIDA BIEN CON

PREPARACIÓN:

 NOTAS:

♥ MI MEJOR RECUERDO DE ESTA RECETA:

RECETA:

INGREDIENTES:

COMENSALES

1 2 3 4 ....

TIEMPO PREPARACIÓN

 MARIDA BIEN CON

PREPARACIÓN:

 NOTAS:

 MI MEJOR RECUERDO DE ESTA RECETA:

RECETA: _____

INGREDIENTES:

_____

_____

_____

_____

COMENSALES

1 2 3 4 ....

TIEMPO PREPARACIÓN

MARIDA BIEN CON

PREPARACIÓN:

_____
_____
_____
_____
_____
_____
_____
_____
_____
_____
_____
_____
_____

 NOTAS:

_____
_____

MI MEJOR RECUERDO DE ESTA RECETA:

_____
_____

RECETA:

INGREDIENTES:

COMENSALES

1 2 3 4 ....

TIEMPO PREPARACIÓN

MARIDA BIEN CON

PREPARACIÓN:

NOTAS:

MI MEJOR RECUERDO DE ESTA RECETA:

RECETA:

INGREDIENTES:

COMENSALES

1 2 3 4 ....

TIEMPO PREPARACIÓN

 MARIDA BIEN CON

PREPARACIÓN:

 NOTAS:

 **MI MEJOR RECUERDO DE ESTA RECETA:**

RECETA: _____

INGREDIENTES:

_____   _____
_____   _____
_____   _____
_____   _____
_____   _____

COMENSALES

1 2 3 4 ....

TIEMPO PREPARACIÓN

MARIDA BIEN CON

PREPARACIÓN:

_____
_____
_____
_____
_____
_____
_____
_____
_____
_____
_____
_____

NOTAS:

_____
_____

MI MEJOR RECUERDO DE ESTA RECETA:

_____
_____

RECETA:

INGREDIENTES:

1 2 3 4 ....

TIEMPO
PREPARACIÓN

MARIDA
BIEN CON

PREPARACIÓN:

 NOTAS:

 **MI MEJOR RECUERDO DE ESTA RECETA:**

RECETA: _____

INGREDIENTES:

_____

_____

_____

_____

COMENSALES

1 2 3 4 ....

TIEMPO PREPARACIÓN

🍷 MARIDA
🍷 BIEN CON

PREPARACIÓN:

_____

_____

_____

_____

_____

_____

_____

_____

_____

_____

_____

 **NOTAS:**

_____

_____

 **MI MEJOR RECUERDO DE ESTA RECETA:**

_____

_____

RECETA:

INGREDIENTES:

COMENSALES

1 2 3 4 ....

TIEMPO PREPARACIÓN

MARIDA BIEN CON

PREPARACIÓN:

NOTAS:

MI MEJOR RECUERDO DE ESTA RECETA:

RECETA:

INGREDIENTES:

COMENSALES

1 2 3 4 ....

TIEMPO PREPARACIÓN

 **MARIDA BIEN CON**

PREPARACIÓN:

 NOTAS:

 **MI MEJOR RECUERDO DE ESTA RECETA:**

RECETA:

INGREDIENTES:

COMENSALES

1 2 3 4 ....

TIEMPO
PREPARACIÓN

MARIDA
BIEN CON

PREPARACIÓN:

NOTAS:

MI MEJOR RECUERDO DE ESTA RECETA:

RECETA: _____

INGREDIENTES:

_____
_____
_____
_____

COMENSALES

1 2 3 4 ....

TIEMPO
PREPARACIÓN

 MARIDA
BIEN CON

PREPARACIÓN:

_____
_____
_____
_____
_____
_____
_____
_____
_____
_____
_____
_____

 **NOTAS:**

_____
_____

♥ **MI MEJOR RECUERDO DE ESTA RECETA:**

_____
_____

RECETA:

INGREDIENTES:

COMENSALES

1 2 3 4 ....

TIEMPO
PREPARACIÓN

 MARIDA
BIEN CON

PREPARACIÓN:

NOTAS:

♥ MI MEJOR RECUERDO DE ESTA RECETA:

RECETA:

INGREDIENTES:

COMENSALES

1 2 3 4 ....

TIEMPO PREPARACIÓN

MARIDA BIEN CON

PREPARACIÓN:

NOTAS:

MI MEJOR RECUERDO DE ESTA RECETA:

RECETA:

INGREDIENTES:

COMENSALES

1 2 3 4 ....

TIEMPO
PREPARACIÓN

MARIDA
BIEN CON

PREPARACIÓN:

NOTAS:

MI MEJOR RECUERDO DE ESTA RECETA:

RECETA: _____

INGREDIENTES:

_____
_____
_____
_____

COMENSALES

1 2 3 4 ....

TIEMPO PREPARACIÓN

MARIDA BIEN CON

PREPARACIÓN:

_____
_____
_____
_____
_____
_____
_____
_____
_____
_____
_____
_____

NOTAS:

_____
_____

MI MEJOR RECUERDO DE ESTA RECETA:

_____
_____

RECETA:

INGREDIENTES:

 MARIDA
BIEN CON

PREPARACIÓN:

 NOTAS:

MI MEJOR RECUERDO DE ESTA RECETA:

RECETA:

INGREDIENTES:

COMENSALES

1 2 3 4 ....

TIEMPO PREPARACIÓN

MARIDA BIEN CON

PREPARACIÓN:

 NOTAS:

 MI MEJOR RECUERDO DE ESTA RECETA:

RECETA:

INGREDIENTES:

COMENSALES

1 2 3 4 ....

TIEMPO
PREPARACIÓN

MARIDA
BIEN CON

PREPARACIÓN:

NOTAS:

MI MEJOR RECUERDO DE ESTA RECETA:

RECETA: _____

INGREDIENTES:

_____ _____
_____ _____
_____ _____
_____ _____

COMENSALES

1 2 3 4 ....

TIEMPO PREPARACIÓN

🕐

🍾 **MARIDA BIEN CON**

PREPARACIÓN:

_____
_____
_____
_____
_____
_____
_____
_____
_____
_____
_____
_____

NOTAS:

_____
_____

MI MEJOR RECUERDO DE ESTA RECETA:

_____
_____

RECETA:

INGREDIENTES:

COMENSALES

1 2 3 4 ....

TIEMPO
PREPARACIÓN

 MARIDA
BIEN CON

PREPARACIÓN:

 **NOTAS:**

 **MI MEJOR RECUERDO DE ESTA RECETA:**

RECETA:

INGREDIENTES:

COMENSALES

1 2 3 4 ....

TIEMPO PREPARACIÓN

MARIDA BIEN CON

PREPARACIÓN:

NOTAS:

MI MEJOR RECUERDO DE ESTA RECETA:

ÍNDICE DE RECETAS

RECETA 1 .... PAG.1

RECETA 2 .... PAG.2

RECETA 3 .... PAG.3

RECETA 4 .... PAG.4

RECETA 5 .... PAG.5

RECETA 6 .... PAG.6

RECETA 7 .... PAG.7

RECETA 8 .... PAG.8

RECETA 9 .... PAG.9

RECETA 10 .... PAG.10

RECETA 11 .... PAG.11

RECETA 12 .... PAG.12

RECETA 13 .... PAG.13

RECETA 14 .... PAG.14

RECETA 15 .... PAG.15

RECETA 16 .... PAG.16

RECETA 17 .... PAG.17

RECETA 18 .... PAG.18

RECETA 19 .... PAG.19

RECETA 20 .... PAG.20

RECETA 21 .... PAG.21

RECETA 22 .... PAG.22

RECETA 23 .... PAG.23

RECETA 24 .... PAG.24

RECETA 25 .... PAG.25

RECETA 26 .... PAG.26

RECETA 27 .... PAG.27

RECETA 28 .... PAG.28

RECETA 29 .... PAG.29

RECETA 30 .... PAG.30

RECETA 31 .... PAG.31

RECETA 32 .... PAG.32

RECETA 33 .... PAG.33

RECETA 34 .... PAG.34

ÍNDICE DE RECETAS

RECETA 35 .... PAG.35

RECETA 36 .... PAG.36

RECETA 37 .... PAG.37

RECETA 38 .... PAG.38

RECETA 39 .... PAG.39

RECETA 40 .... PAG.40

RECETA 41 .... PAG.41

RECETA 42 .... PAG.42

RECETA 43 .... PAG.43

RECETA 44 .... PAG.44

RECETA 45 .... PAG.45

RECETA 46 .... PAG.46

RECETA 47 .... PAG.47

RECETA 48 .... PAG.48

RECETA 49 .... PAG.49

RECETA 50 .... PAG.50

RECETA 51 .... PAG.51

RECETA 52 .... PAG.52

RECETA 53 .... PAG.53

RECETA 54 .... PAG.54

RECETA 55 .... PAG.55

RECETA 56 .... PAG.56

RECETA 57 .... PAG.57

RECETA 58 .... PAG.58

RECETA 59 .... PAG.59

RECETA 60 .... PAG.60

RECETA 61 .... PAG.61

RECETA 62 .... PAG.62

RECETA 63 .... PAG.63

RECETA 64 .... PAG.64

RECETA 65 .... PAG.65

RECETA 66 .... PAG.66

RECETA 67 .... PAG.67

RECETA 68 .... PAG.68

ÍNDICE DE RECETAS

RECETA 69 .... PAG.69

RECETA 70 .... PAG.70

RECETA 71 .... PAG.71

RECETA 72 .... PAG.72

RECETA 73 .... PAG.73

RECETA 74 .... PAG.74

RECETA 75 .... PAG.75

RECETA 76 .... PAG.76

RECETA 77 .... PAG.77

RECETA 78 .... PAG.78

RECETA 79 .... PAG.79

RECETA 80 .... PAG.80

RECETA 81 .... PAG.81

RECETA 82 .... PAG.82

RECETA 83 .... PAG.83

RECETA 84 .... PAG.84

RECETA 85 .... PAG.85

RECETA 86 .... PAG.86

RECETA 87 .... PAG.87

RECETA 88 .... PAG.88

RECETA 89 .... PAG.89

RECETA 90 .... PAG.90

RECETA 91 .... PAG.91

RECETA 92 .... PAG.92

RECETA 93 .... PAG.93

RECETA 94 .... PAG.94

RECETA 95 .... PAG.95

RECETA 96 .... PAG.96

RECETA 97 .... PAG.97

RECETA 98 .... PAG.98

RECETA 99 .... PAG.99

RECETA 100 .... PAG.100